금린어

신재미 제4시집

세종문화사

그림을 그리며

유영순

　대한민국 땅에 태어난 것이 축복이다.
　문명의 발달로 방 안에 앉아서 세계 여행을 하고 핸드폰 하나면 산 위에 올라서도 천 리 밖에 사는 자녀들과 안부를 묻곤 한다.

　아직 문명의 혜택을 받지 못하는 나라도 많이 있다.
우리나라도 불과 백 년 전만 해도 변변한 교통수단이 없어 말을 타고 다녔다.
한생이 가는 길에 너무나도 큰 변화를 경험한다.

　사랑하는 딸 재미의 두 번째 시집에 이어 네 번째 시집의 표지화와 삽화를 그리게 되었다.
　시를 쓰는 딸이 자랑스럽다.
　많은 사람들에게 애송되는 시를 쓰기를 빌어 본다.

시인의 말

광활한 문자의 숲에서 몇 자 빌려다 빚은 시 한 구절이 생명을 살리는 도구 되어 애송되기도 하고 죽음의 길로 내몰기도 한다.

발표하는 시가 생명을 살리는 빛을 위한 연금술사는 못 되더라도 가슴마다 진주알 엮어 내는 살아 숨 쉬는 글이고 싶은 마음은 욕심일까.

오늘은 눈 시리게 하늘 푸르고 청명한 날, 문 틈새로 쏟아져 들어오는 빛줄기에 어둠 속에서는 보이지 않던 먼지 미세한 입자들 회오리 춤을 춘다. 81억 인구가 사는 지구촌 아시아의 어느 모퉁이에서 아침을 맞이하는 몸, 광활한 지구에 비하면 한 점의 먼지와 다를 바 없다. 가슴에서 뿜어져 나오는 짧은 호흡으로 빚어낸 시, 한 편이 무슨 힘이 있을까마는 시 한 편은 한 편이라고 부르지만, 책은 문림(文林)이다.

이 책을 읽는 이들이 생명의 숲에 깃들기를 겸손한 마음으로 두 손 모은다.

네 번째 시집이 발행되도록 사랑을 베풀어 주신 K 기업, 그리고 문학신문사 故 이종기 대표님 뒤를 이어 받으신 이석우 대표님, 세종문화사 김영희 편집주간님께 깊은 감사를 드립니다.

차례

시인의 말 ···· 3

제1부 그리움이 된 수수팥떡

그리움이 된 수수팥떡 ···· 10
생명의 근원 ···· 12
아버지의 과외공부 ···· 14
부용화 ···· 16
취향 ···· 17
숨겨진 코드 ···· 18
시간은 자정을 넘어 ···· 19
울림 길 ···· 20
슬픈 사랑은 싫어 ···· 21
나 그대를 사랑하므로 ···· 22
빗속으로 사라진 사람 ···· 23
낙엽 한 잎의 무게 ···· 24
상달 강변에서 ···· 25
은행잎을 보며 ···· 26

제2부 거북 의사당

금린어 ···· 28
거북 의사당 ···· 29
민초의 자화상 ···· 30
둥글지 못한 역사 ···· 31
반영 ···· 32
어둠 너머를 볼 수 있다면 ···· 33
쇠파리 ···· 34
지문 반기를 들다 ···· 35
문자 비빔밥 ···· 36
그대는 행복하신가요 ···· 38
코이울프 또는 뱀 ···· 40
불멸의 비밀 ···· 42
므두셀라 ···· 43
천라수(天蘿水) ···· 44
광화문 광장에서 ···· 45
코드 ···· 46

제3부 새해를 여는 기도

새해를 여는 기도 ···· 48
눈물로 쓴 글씨를 읽다 ···· 50
환상의 새 ···· 52
뜻밖의 선물 ···· 53
바람 무대에 올린 언약 ···· 54
바닷가에서 ···· 56
오월의 꽃이여 ···· 57
나는 어디에 속하는 걸까 ···· 58
택배로 온 행복 ···· 59
쓸쓸한 산책길 ···· 60
질긴 인연 ···· 62
화전 ···· 64
늘 그리운 것은 ···· 66
꽃이 전하는 말 ···· 68
신세계를 향하여 ···· 70
종다리 편지 ···· 72
장맛비가 준 손맛 ···· 73
인생의 가을을 위해 ···· 74

제4부 장화리 바닷가

장화리 바닷가 ···· 76
다시 겨울이 오고 ···· 77
북정 마을 ···· 78
윤동주 언덕에서 ···· 80
서울역에서 ···· 81
동박새 ···· 82
현충사에 깃들다 ···· 84
소악의 봄 ···· 86
명륜당 뜰에서 ···· 88
궁산에서 ···· 90
팔월의 바다 ···· 91
21g의 영혼 자유를 찾아 ···· 92
선유정의 밤 ···· 94
목멱조돈 ···· 95
호수에 뜬 달 ···· 96
참성단에서 ···· 98
임진각 인동초 ···· 99
선유도 대나무 ···· 100

제5부 자연이 보약

꽈리피리 ···· 102
가을 풍경 ···· 103
자연이 보약 ···· 104
호수 ···· 105
안개 자락 옷을 입다 ···· 106
비를 맞다 ···· 108
하눌타리 ···· 110
대책 없는 봄 ···· 111
눈꽃과 봄꽃 ···· 112
칠 일 사랑을 위하여 ···· 114
이상한 여름 ···· 115
자미궁 ···· 116
장미의 계절 ···· 117
사랑의 계절 ···· 118
혼돈의 세월 ···· 119
식물에게 배운다 ···· 120
꽃에서 읽은 가치 ···· 121
계피 방향제 ···· 122
문학과 나의 인생 ···· 123

제1부
그리움이 된 수수팥떡

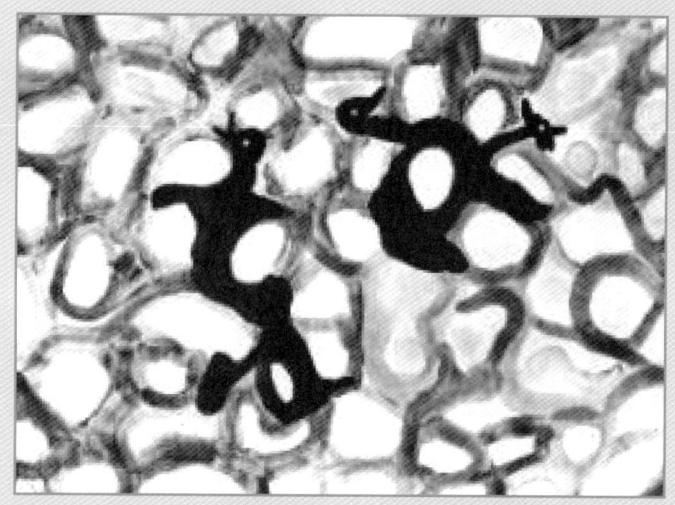

그리움이 된 수수팥떡

밥보다 떡을 좋아하는 나는
늘 달력에 생일 동그라미 그렸다
친구들과 고무줄놀이에 뜀뛰기
마음껏 놀 수 있고
밥 적게 먹는다는 잔소리 안 들었다
동글동글하게 빚은 수수 반죽
끓는 물에 가만가만 떨어뜨려
팔팔 끓어 떠오르면
붉은 알 건져 내어
으깬 팥고물 고루고루 묻혀
광주리에 펼쳐 놓으면
떡 하나 집어 먹고 냠냠
잡귀야 물러가라
팥 덩이 하나 주워 먹고 훠이훠이
도깨비야 물러가라
동지놀이에 빠져 초승달
지워지는 줄도 모르고
동네방네 떠들썩하게 했다
건강하게 자라나는 비결이라며
엄마는 팥떡을 만들어
아홉 살 넘도록 딸을 챙기셨다

흐르는 세월에 잊어버린 그 시절
시간 속에 갇힌 그리움이 되었다
진화에 떠밀린 전통문화
떡 접시 놓였던 자리
나이만큼 밝혀진 촛불 뒤에서
팥떡 향기에 젖은 어머니
빙그레 웃으며 불러본다

생명의 근원

아흔 해가 되도록 길어 올렸으니
그 가슴에 무엇이 남았을까 싶은데
수화기를 내려놓을 때
들려오는 음색은 사랑이다
웃음 옷 입은 애틋한 사랑

봄날 양지에 걸어 둔 하얀 수건처럼
맑음이 뚝뚝 떨어지는 음성으로 빚은 사랑
환갑 넘은 딸에게 주는 삶의 양식이다

모천은 늘 그 자리에 있어
필요할 때만 찾는 생명수가 되었음에도
맛과 모양이 변함없으신 어머니

홀로 계신 것이 안쓰러워 찾아가면
손수 지어 주시는 밥 한 그릇
후다닥 비우고 되돌아오는 길
정류장까지 손잡고 걸으신다

아직도 초등학생 어린이로 생각하시는 듯
차 조심해서 가라
집에 도착하면 전화해라

나는 아무리 노력해도
모천을 흘러내리는 사랑
십 분의 일도 뿜어내지 못하고 산다

아버지의 과외 공부

삶의 행간을 지워 버린
고귀한 숨결 시간에 묻힌다

심장의 파동 그치고
유언 한마디 없이
미소에 모든 것 감춰 버린 아버지

살아가다 그리움 밀려들면
고뇌에 찬 어록 해독하지 못해
바둑판 앞에 앉는다

생전에 가르쳐 주신 놀이 오목과 화투 육백
성질 다스리는 법 배우라고
속지 말고 현명하게 살라고 가르치셨다

천자문 대신 택한
아홉 살 과외 공부
권장 도서 완독은 못 했어도
주마등으로 훑어본 열아홉 선과 점의 만남
361자리, 검은 돌 흰 돌
허전할 때는 은하수 되어 흐른다

매를 들지 않으셨던 아버지
별난 과외 공부에
은하수 첨벙첨벙 걷다 보면
풀지 못할 문장이 없었다

부용화

젊은 날 어머니의 뜰에는
계절마다 꽃이 피었다
봉숭아, 달리아, 부용화, 국화
수몰로 인해 꿈같던 고향 떠나온 후
화폭에 옮겨 놓는 풍경
여전히 꽃과 새가 삶의 행복을 연주한다

평생 꽃으로 살아오신 어머니
인양산 성곽길에 피어
도시를 조망하는 부용화처럼
마음은 늘 자녀들을
높은 곳에 두고 관망하셨다

육 남매의 등대 되어 사랑만 베푸신 삶
잘못이나 꾸지람 들을 일이 왜 없었을까
모든 것 덮으시고 보듬어 안으신 사랑
오늘 내 인생길 등불이 되었다

아흔을 바라보는 연세에도
발그레 꽃물 든 두 볼
내 도저히 닮을 수 없는 사랑이다

취향

육식을 즐겨하던 삶이었는데
시집온 후로 생선을 먹게 되었다
밥상에 올리는 생선은 갈치, 임연수, 꽁치, 청어

식구들의 취향을 다 익히지 못한 어느 날
시어머님 명령 받들어 청어를 사러 갔다

임연수, 사람 이름으로 들렸다
고등어인지 청어인지 구별 못 한 나는
고등어 두 마리 사서
저녁 밥상은 특별할 것이라 생각했다

정성 다해 노릇노릇하게 구웠다
가족들은 아무도 먹지 않았다

결국 두 마리의 고등어 내 것이 되었다
심각한 편식을 하고 있다는 걸 몰랐다
앞에 있는 것도 어른들 어려워 머뭇거리던 신혼 시절
혹독한 바다 체험을 했다

비릿한 바다 향기 그윽한 접시를 독점하고

숨겨진 코드

토압 벽 높이 쌓인 그대 가슴
무엇이 들어 있는지 어떤 생각 있는지
궁금하여 길을 걷는다

태양이 정수리에 강물을 흘려 놓아도
옥토를 황무지로 만들어도
흔들리지 않을 눈동자
굳게 다문 입
가슴속에 촘촘히 심긴 코드
어떤 모양일까

책 속에 길 따라 새벽 별을 세고
홀로 적막에 들어도
밤새 꺼지지 않은 가로등처럼
땅속줄기에서 돋아나는 죽순처럼
생명력 질긴 시의 데옥시리보핵산
어딘가에 있을 숨겨 놓았을
비밀 풀어낼 열쇠를 찾아
여명 밝히는 희망의 시간 위에 섰다

시간은 자정을 넘어

심연의 절벽 기어오르는 상념
잠 못 이루고 시간의 계단 오르는데
은빛으로 빛나는 달빛 뜰을 밝힌다
거리는 텅 비었고 세상은 가로등 불빛에 밝다

마음 활짝 깨어
침묵을 깨는 가슴의 메아리 듣는다
천둥보다 큰 악성
음표는 삶의 굴곡을 더듬다 생명의 강가에 멈췄다

별이 부르는 본향으로
내 영혼이 사모하는 곳으로
인도하게 하소서

바람은 미래에 대한 속삭임을 안겨 줘도
한 걸음 내디딜 때마다
짧아지는 삶의 시간
심장이 뛸 때 더 신실한 믿음의 탑
쌓게 하소서

저 멀리 뵈는 본향 기쁨으로 갈 수 있도록

울림길

한 사람의 생명으로 왔다가 여러 사람에게
육신을 나누고 가는 기증의 삶
생명을 잇는 수술실 가는 울림길
생명의 방으로 향하는 등 뒤에 두 줄로 사열 된
인연의 사람들 고별의 기도 올린다

울음 삼키는 가족
주저앉아 바닥을 치는 연인
명예로운 배웅을 위한 애절함
사랑의 역사를 쓴다

뇌가 멈춰 심장만 팔딱이는 몸
생존 장기 하나씩 적출되어
다른 이의 몸에 옮겨 영생을 심는다
다른 사람의 영혼으로 새 삶을 시작하는 성결의식

육과 분리된 혼 수술대에 누워
나밖에 모르던 세상이었다고
손가락질하는 세상에서 예수가 된 청년
내가 죽고 네가 사는 숭고한 헌신
울림길에 부활의 십자가 세워진다

슬픈 사랑은 싫어

사랑하는 사람이 떠나갔을 때도
이렇게 슬프지 않았다
눈물 몇 날을 흘러 가슴에 시냇물이 생겼다

천둥이 쳐도 흔들리지 않던 가슴인데
모양도 그림자도 없는 형상에 마음 잡혀
일어설 수가 없다
가상의 세계에서는 슬픔도 택배가 된다던데
현실은 오로지 내 몫

발송지 정확해도 받지 말아야 했어
두 눈 멀어 사랑만 보고 살 수 있다 믿었어
죽음은 손끝에 있고 살아온 날은 발아래 있어
마음은 첫눈 내린 길을 서성이는데
미학의 슬픔이 무슨 위안이 될까

몸부림치는 나의 영혼아 우리 슬픔의 허울 한 겹 벗고
천상의 나비가 되어 볼까
별이 밥이 되지 못하는 세상이면 어때
꿈길에 뿌려 놓은 씨앗
지금쯤 우리 쉬어 갈 꽃나무로 자랐을 테니까

나 그대를 사랑하므로

베를린 장벽보다 높은 그대의 마음
차마 넘지 못하고
홀로 서성이는 벽 아래
붉은 가슴으로 쓰는 사랑
무슨 의미를 찾자는 것은 아니다

새겨지는 글자마다 그리운 얼굴 떠올리다
스러지는 간절함
살아서 마주할 수 없다 해도
내 영혼에 빛나는 별이기를 바란다

넓이도 잴 수 없는 광대한 우주공간 두고
한 뼘도 못 되는 내 가슴
정원에 뿌리내린 가녀린 꽃 한 송이
바람조차 숨죽이고 지나갈
고귀한 사랑으로 피어라

나 죽어 하늘의 별이 되어도
그리워할 임이여
이 몸 마디마디 심긴 그리움
석고상이 되어도 홀로 행복해하노라

빗속으로 사라진 사람

소낙비 속을 걸어가던
우산 하나가
그의 생 무게였을까

끈질기게 마음을 따라잡던 형상
폭풍 몰아치던 밤
바람처럼 사라졌다

실종 문자가 핸드폰 화면을 스칠 때
블랙홀로 날아간 이름
한순간 가슴속 통증으로 새겨졌다
단말마의 소인 찍힌 것은 아니겠지
스스로 위안해 보지만
미필적 고의를 벗어나지 못하는 영혼
창틈으로 스며드는 회오리치는
빛 속 먼지 되어 1인치의 자유를 끌어안는다

세상에 많은 인연 가운데
눈빛으로 맺은 인연치고는 너무 가혹하다
죽음만이 최선이었을까

낙엽 한 잎의 무게

난 그냥 그 자리에 있을 뿐인데
세월은 시간을 재고
영역을 바꾸어 놓는다

반반하던 이마에 줄을 긋고
밭고랑 닮은 고랑을 하나둘 새기더니
이제는 윤기 흐르던 머리카락을 은빛으로 물들인다

내 몸 고운 단풍빛이면 얼마나 좋으랴
어차피 고목이 되어 제 갈 곳으로 가야 할 몸인데
그럼에도 거부할 수 없는 일인 것을 애써 부정하며
그런 선물은 받지 않아도 된다고 반항해 본다

돌아보면 끔찍이 사랑해 주던 아버지도
할머니도 모두 그렇게 별이 되셨는데
나는 아직도 별이 되는 방법을 모른다
인생의 무게를 잴 줄 모르는 삶
나뭇잎도 단풍 들면 떨어지고
인생도 때가 되면 떠나야 하는 것이 진리인데

마음만 별이 되고 싶을 뿐

상달 강변에서

코스모스 만발했던 그곳엔
잡초만 무성하고
박꽃 하얗게 피던 원두막 지붕엔
보름달 닮은 박이 열렸다

강변에 버드나무 잎사귀 살랑이고
출렁이는 물결 주홍빛 반조
먼 하늘길 사연으로 오르는데
여윈 얼굴만 아른거린다

머릿속을 지우는 지우개는 없는 걸까

새록새록 튀어나와
눈앞을 가로막는 얼굴
허전한 가슴 한편
자리 차지하는 이유는 뭘까

시월상달 달빛마저 기울어
돌아갈 길 아득한데
뜻 모를 슬픔만
노을에 실린다

은행잎을 보며

햇살 좋은 오후
은행나무 곁에 앉았다
바람결에 날리는 은행잎
일필휘지 허공에 새긴 글
읽어 내지 못해도 생의 길을 살핀다

연둣빛 잎으로 피어
초록 강 건너온 시련과 고난
아픔만 아니었겠지

황혼빛 아름다워도
모든 게 가려지는 게 아니듯
찬 바람 불어오면
다시 봄을 기다리는 인고의 생애

나무 아래 앉아 살아온 역사를 읽다
어떤 인생을 살았는지 돌아보니
삶은 기쁨과 아픔이 하나라는 글귀
은행잎마다 새겨져 날린다

제2부
거북 의사당

금린어

한탄강에 현혹되어 따라나섰다
둑길 달리던 자동차 좌회전
방향이 다르다고 목소리 높였지만
무시하고 달리는 송사리 여사
베테랑 운전은 다른가
말할 틈 주지 않고 끓이는
조잘조잘 맛보지 못한 매운탕
온갖 양념 넣어 불길 높인다
말로 끓이는 탕 꽃게 한 마리 새우 몇 마리 넣고
열댓 가지 고기를 집어넣었다
황쏘가리 강쏘가리 금잉어 금영어 천잉어 쏘래기
맛잉어 금린어 궐어 금문어 궐돈 수돈 석계어
담수 어류의 제왕이라며
쏘가리의 다른 이름이라고 했다
북한강 상류에 많이 서식하고
천연기념물 190호
고등어 갈치 조기밖에 모르던 주부
김포 한탄강 매운탕 배 두드리며 먹고도
주위들은 이름 다 잊어버리고
금린어 금린어 읊조리다
녹색 신호등 재촉 받는다

거북 의사당

한강에 떠 있는 푸른 의사당 모형
잠실에 설치되었던 돔
장마에 떠내려온 것이라며 수군거리는 사람들
등 뒤에 서서 이야기 엿듣다 서쪽 하늘 바라보니
노을이 붉다

초를 다투며 색을 갈아입는 하늘
노을빛 구름 꿈의 세상을 그려도
해 지면 허무하고

거북 오줌 이롱(耳聾)에 명약이라 해도
믿지 못하는 세상

푸른 지붕 사람들
수로왕 지혜 구하는 자 희귀하다

삼백 인 품은 몸 배만 실룩실룩
겉만 보고 탐내지 말자

천 년을 세상 굽어보는 거북에겐
인생 백 년은 쉼표일 뿐

민초의 자화상

잔디밭, 길가, 보도블록 틈새만 있으면
노란 웃음 터트리는 그대
척박한 땅에 뿌리 내려
고달픈 삶을 살아가지만
생에 대한 열정은
그 누구도 따를 수 없다

짓밟히고 으깨져도
다시 일어나 절망의 자리에서
희망을 노래하는
생명의 부활이여

웅장하게 북소리 울려 퍼지는 광화문광장에
소담스레 피어 거룩한 꽃잎을 흔들어라
너와 나의 가슴에
노란 물결 일렁이도록

세계인이 살고 싶은 나라
여행 가고 싶은 국가라고 부러워하는데
등잔 밑 어둡다는 속담은 틀린 것이라고
거룩한 희망의 노래를 부르자

둥글지 못한 역사

효창공원 언덕 울창한 수목 연둣빛 서정
넓혀 가는 오월 숲 그늘에 깃들어도
초록으로 물들지 못하는 가슴엔 마른 바람이 분다

공원에서 들려오는 악다구니
비명으로 날아들어 섬찟하다
허공을 날아다니는 무거운 말
행복으로 가는 길이라며
나부끼는 깃발 낯설다

삶은 외길이라며
앵무새 되어 조잘거리던 나는
다른 길을 걷고 있는 건가

노인회 사무실에서 김 회장이 건넨 미소는
자꾸만 귓가를 간질이는데

몇 걸음 사이에 두고
행복과 불행이 벌이는 육탄선
시대를 탓해 무엇 하리
오천 년을 이어 온 질기고도 끈질긴 역사인 것을

반영

아직 코트 벗지 못한 낮
앞서 걷는 여인 원피스에 핀 개나리꽃이
여의도공원으로 이끌었다
벌써 매화꽃 만개하여
향기로 날아와 얼싸안아 맞아 준다
작은 연못에 원앙은 보이지 않고
붉은 도시의 형상이 반신욕 중이라
화려한 반영 풍경 감상하는데
초가정에서 들려오는 소리에 환상이 깨졌다
닭 다리 들고 동물 소리 게임을 하는 청년들
우습기 짝이 없으나 재미있게 보여
나지막이 따라 하는데
석양 등진 산수유 봉긋한 좁쌀그릇 내민다
산수유 꽃을 좋아하셨던 할머니
춘궁기에 핀 진달래꽃 얹어
밥을 지어 드셨다는 이야기 떠오른다
먹을거리 풍부해져 건강식으로 꽃비빔밥을 찾는 시대
풍요롭게 태어난 청년들
닭 다리 들고 삐약삐약 멍멍 하는데
가난이 무엇인지를 알기나 할까
놀이에 빠진 눈에 빌딩 숲 가득하다

어둠 너머를 볼 수 있다면

심령이 감전된 것은 한 장의 아포리즘
친구가 보낸 섬뜩한 광고
일곱 좌석을 둘러본 후 정신 줄 잡게 되었다

스마트 도구에게 지배받는 삶
큰 인물이 되겠다고
꿈꾸는 자로 회귀한 시대
교과서가 신뢰를 잃고
스승이 존경받지 못하는 세상이 되었다

신세계의 화두에 지배받는 뇌
암흑의 세상이 다가오고 있다 해도
눈도 깜빡이지 않는다

편의성에 마비된 심혼 욕망이 이끄는 대로
문명의 긴 수레를 타고 달린다

신인류 배설물 가득 찬 지하
무엇으로 세척하면 훤해질까
소리로 전해 오는 대답 해석하지 못해
어둠을 재는 손이 부끄럽다

쇠파리

계절의 바뀜 인생의 전환점인가
이리 오라 저리 오라 부르는 이들
표정과 손짓이 다르다

내가 최고의 스승이요 문장가요
검은 털 돋은 손 눈앞 휘젓는 그림자에
심기 문란하다

귀엣말로 쓰는 현란한 문장
입속 침 마를 새가 없다

훌륭하단 말 대신 책 한 권 보내 주세요
미리 살피겠다는 주문에는 머뭇머뭇
신의 서품 부여받은 문사는
간청하는 스승도 거절이던데

나 잘났소 목에 핏줄 세워 외쳐도
흥망이 유수하니 빌려 쓴 어사화
벗겨질 날 훤히 보인다
상자도 벗지 않은 문방사우
걸음보다 앞서 빛 잃을까 눈물겹다

지문 반기를 들다

오매 이걸 어째
반신욕 중인 붉은 도시 발견 후
세기의 명작이라고 우쭐했는데
수업 시간 발가벗겨져
쥐구멍 찾느라 혼쭐났다

비밀문서도 귀신같이 처리해
철석같이 믿었는데 반기를 든 것이다
현충사 대숲에서 마른 대나무 조각
손바닥에 꾹 찔러 넣고
시치미 뗄 때
눈치를 챘어야 하는 건데
오늘은 문장을 삼켜 버렸다

소중한 지체로 믿고
고맙다 말만 안 했을 뿐
마음은 그게 아니었는데 정신이 번쩍 난다

말도 떼기 있음을 배였디
꼭 해야 할 말은 하고 살자
확인하는 습관 몸에 배도록 보고 또 보자

문자 비빔밥

한글사랑 모임에
한·아·비의 뜻을 묻는 질문이 올라왔다
이런저런 댓글이 달렸지만 모두 오답 판정을 받았다
사전에 수록된 한아비의 명사는 할아버지
이 단어가 아니었다
그가 내놓은 문장은 한글, 아리랑, 비빔밥
제2회 세계 문자대회에서 27개국이 겨루어
금메달 획득
한글 우수성을 알리려는 뜻이란다

한바탕 웃음으로 끝났지만
요즈음 문자 해독할 수가 없다
한글도 아니고 영어도 아닌 글
줄이고 잘라 뒤죽박죽 섞어 놓은 글
뚝섬 시인이 시어를 모두 붙여
읽는 이마다 해석을 다르게 하더니
오늘날이 그렇다
정체성을 잃어버린 한글
자음 모음 짝을 찾지 못해 아우성이다
스스로 외면하여 뒤섞인 문자
민족의 정체성도 혼란기에 들었다

거꾸로 간판 걸은 식당 성공 신화가 빅뉴스가 되고
한글세대라면서 읽을 수 없는 글
출근길에 늘어진 아파트 사이를 걷다
펜테리움센트럴파크노블레스
또박또박 읽는 데 긴 시간이 걸렸다

그대는 행복하신가요

그대는 지금 무엇을 찾고 있나요
행복에 쌓여 행복을 찾는 것은 아닌지요
지구촌에는 우리가 생각하는 것보다
힘들게 살아가는 사람들이 많아요

우리가 누리는 혜택
거저 얻어진 것이라 생각하지 말고
감사하며 살아요

한 그릇 밥을 위해 목숨 걸고
거리를 헤매는 아이들을 보았나요
우리 현실을 깊이 생각해 봐요
감사하며 나누며 살아가요

기아에 허덕이는 아이들을 보셨나요
한 컵의 생수를 찾는 아이들을
먹고 남아 버리는 밥
배불러 남기는 음식
산처럼 쌓여도 미안함을 모르잖아요

해양 투기 금지된 우리나라
불만은 서울 하늘을 날고 있어요
광화문의 함성은 이 나라 찬양보다
불만족의 함성이 우렁차요
이러한 현상은 어디서 왔을까요
우리 돌아봅시다

이리저리 봐도 우리는 지금
넘치는 행복을 느끼지 못하고
살아가고 있어요

감사할 조건 찾으면
하루 종일 읊조려도 다 못 하잖아요
우리 감사하며 살아요
행복한 우리의 삶을

코이울프 또는 뱀

소수성애자 목사가 본 세상
제목의 영상
근래 화제가 되고 있다

인간의 개체가 다르듯
성향도 다른 것이 맞을 것이나
인간만큼은 한 사람을 반려자로
평생을 살도록 지음 받았으니
신의 뜻을 거스르지 않는 것이
행복한 삶을 사는 것이라 믿는다

최근 미국 대통령 선거를 앞두고
아이티 이민 이웃이 반려동물을
잡아먹었다는 파문이 크다
한 매체는 개와 코요테 사이에서 태어난
잡종 코요테가 범인이라고 지목했다
결국 문란한 품종으로 분류되어
지목되었다

얼마 전 중앙신문은 뱀 한 마리가 백 마리의 뱀과
교미하는 사진을 기사로 보도했다
문란의 왕은 뱀
성경이 지목한 뱀은 끝없이 인간과 원수가 될 것인가

세상은 근거 없는 헛소문이
종종 목숨을 앗아가는 경향이 있다
적어도 뱀 같은 간사한 인간은 되지 말아야겠다

불멸의 비밀

AI 전도 시대인가
사람은 보이지 않고 현수막이 화려하다
지하철 입구를 막고 선 홍보판 두 개
불멸이란 글자가 반짝반짝 화려하다
옆구리를 비틀고 어설프게 통과하여
계단을 내려왔지만
불편한 심기 감출 수 없어 걸음 소리 키운다
인간을 위한다는 종교
생명을 위협하는 도구로 이용 목숨을 앗아가기도 했다
오래전 뭔 대양이 그랬지
지상낙원 뭔 섬 사건이 그랬다
잊기를 밥 먹듯 하는 게 사람들
죽음을 알면서도 불멸을 원한다
이집트인들은 미라가 되어
피라미드에 묻히지 않았던가
어떻게 사는 것이 잘 사는 것일까
영원불멸한다는 교리
쉽게 허무로 환원해 버리는 유물적 진리
팽팽하게 줄다리기해도 육체는 사라지고
남기고 가는 선과 악은 불멸할 것인데
하늘은 스스로 돕는 사람을 돕는다는데

므두셀라

겨울잠 자다 잡혀 나온 듯
마른 개구리 화롯불에 올려놓은 장면
사진으로 마주했는데도 역겹다

백 년을 꿈꾸는 사람들로 시끌벅적한 세상
핸드폰 텔레비전에도
장수식품 광고 가득 채워지고
먹는 이야기 빼면 신선한 것이 없다
먹는 게 전부라면 짐승과 다름없는 삶
오래 산다는 게 무슨 의미일까

췌장암 투병 중인 언니의 목소리
환청으로 맴도는 새해 벽두
"치료 방법을 바꿨어 기도해 줘"
암은 식습관이 원인이라 하지 않던가
잠시 눈 감고 내면의 세계를 느껴보면
껍질 벗은 초라한 영혼
몸은 우주 속 점 하나로 흩날리는데
헛된 욕망에 시로잡히지 말지

므두셀라의 장수는 정신이었다

천라수(天蘿水)

노란 꽃 앞에서
품은 삶을 생각이나 했을까

번민과 고민 얽어 놓았듯
끝이 보이지 않는 미로
내 앞에 펼쳐질 길을 생각한다

분명히 처음과 끝이 있는데
시작과 마지막을 모른 채
겉만 번지르르 의심조차 없던 삶

뿌리 잘리고 한 방울의 진액까지
쏟을 때야 가치를 찾고 생명의 존귀함을 본다

차고 단 여정
의존하고 협력하여 참맛을 찾아
수세미 생의 몇 곱을 더 살았어도
아직 미지근하지도 않은 삶 협력보다 혼자가 즐겁다

모든 게 스승인데 왜 미처 깨닫지 못했을까
다시 눈 뜬 길이 환하다

광화문광장에서

구월은 낭만의 계절
세월은 시를 쓰고
우리는 광화문광장에서
하늘을 날아가는 별똥별 보네

광장 높이 좌정하사
훈민정음 펼쳐 든 세종대왕
하늘의 운행주기 파악하는
역법과 측우기 해시계
천문학 빛나는 코리아
선교양종 탄압했어도
역사는 흐르고
십자가 높이 든 자들
야단법석 판을 치네

큰 칼 차고 늠름하게
허리 편 이순신 장군
우리는 걸어가신 길 따라
오늘도 걷는다

한 편의 시를 위해

코드

깜빡 잊고 핸드폰 충전 못 하고 나왔더니
불편하기 짝이 없다

답답한 마음에 발 굴려 보지만
구형이라 맞는 코드가 없다

좋은 능력 가지면 뭣 하나
손뼉도 마주쳐야 실력 발휘를 할 텐데

모양만 그럴듯하지
그림의 떡이다

세상사가 핸드폰만 그럴까

철석같이 믿었다가
낭패 겪는 일이 부지기수

돌다리도 두들겨 보고 건너라는 지혜
새기고 또 새길 일이다

제3부
새해를 여는 기도

새해를 여는 기도

미명의 개화산 길은
계곡물 흐르듯 인파로 찰랑거린다
어둠에 의지하여
같은 곳을 향해 걷는 이들
영하의 날씨도 장벽이 되지 못하고
어둠 헤치고 청룡의 기운 받겠다는
희망찬 가슴은 외친다
솟아라 해야
이 가슴 불태울 해야 솟아라
얼어붙은 대지 전쟁은 멈추고
질병은 소멸되어 사랑과 평화를 위해
희망의 빛 환하게 밝혀라
뜻 모아 한마음으로 나아가리니
대한민국 수도의 관문 강서
지구촌으로 가는 하늘길 비쳐 다오
살기 좋은 세상 만들기 위해
부끄러움 없이 살다 가신
선조님들께 머리 조아리니
새해 소망을 비는 가슴 열어 주소서

그리하여 이웃도 가족처럼
소외되는 이 없는 세상
차별받는 이 없는 세상
행복의 꽃 사계절 피어나기를
소망 하나이다

눈물로 쓴 글씨를 읽다

댓잎 서걱대는 산책로에
가까이 들려오는 피리 소리
나뭇가지 사이로 내밀었다 숨었다
보름달 빛에 퍼져 간다
두 바퀴 걷는 사이
은은하던 소리 명랑해지고
훤해지는 숲길에 부는 밤바람
홀로 맞으며 듣는 피리 소리
텅 빈 누각에 누워
가락에 취해 눈 감는데
갑자기 들리는 꿍꽝거리는 소리
긴 머리 처녀 뛰어들어
정자 기둥을 치며 운다
피리 가락 녹이는 애끓는 울음
한참을 허공에 흩뿌리더니
기둥 끌어안고 눈물로 쓰는 글귀
읽어 낼 수 없어 가슴으로 따라 읽는다
뒷모습에 그려진 촉촉한 슬픔
무슨 사연 있어 어둠을 깨울까
한마디 건네지 못하고
눈물 젖은 기둥을 바라본다

산다는 게 그렇겠지 하면서도
처절한 슬픔에 잠겼던 사람을 만나
말 걸지 못하고 눈치만 살피다가
다시 피리 소리 찾아보니
댓바람만 어둠을 뚫고 지나간다

환상의 새

부푼 가슴으로 열차를 탈 때 하늘을 날았다
눈부신 흰옷 반짝이며 강물 위를 나는 상상의 새
미끄럼틀 타듯 날 줄 알았다

팔당역에 내려 강을 보니 새는 먼 곳에 있었다
까마득히 높은 다리를 온몸 떨며 디뎠다
행인 없이 허공에 뜬 다리
휘둘리며 내려다보니
지난가을에 못 보았던 작은 새들이 강변에 가득하다
차량이 지날 때마다 회오리친 바람은
영하의 날씨로 얼려 뼛속까지 시리다

환상의 백조를 마주하려 무작정 나선 길
시어머니께서 겪으셨다는 6·25 피난길이 떠올랐다
더듬더듬 강둑에 오르니
깃털에 부리를 묻은 외다리 백로뿐

상상의 새는 거기 없었다
꿈을 이루려는 인내는 고난의 행진에 허물어져
날지 않는 새를 품고 열차에 올랐다

뜻밖의 선물

삶에 얽혀 지하도시를 벗어나지 못하다가
매서운 바람 등지고 교동도에 갔다
두 번의 검문을 거쳐 당도한 곳에
위용을 자랑하는 무지개다리가 반겨 준다
걸음으로 맞닿은 곳은 이제 이름만 섬이다
산과 들은 그대로인데
좁은 대룡시장 골목은 인산인해다
쥐눈이콩이 데굴데굴 구르듯
틈새 비집고 걷다 멈췄다
낯익은 얼굴이 반기며 웃는다
앞치마에 콩가루 범벅이 된 여인
활짝 핀 모란 한 송이다
강아지떡 이름표 잡고 길게 선 줄 끝이 보이지 않는다
함께 글 짓고 발표하던 그녀의 과거가 스쳐 간다
여자 인생 뒤웅박 팔자라더니 그저 놀랍다
눈인사에 덤으로 올려준 떡 두 개
바다를 떠날 때까지 전설을 풀어놓았다
그날 이후
강아지 닮은 그녀를 떠올리며
콩고물 듬뿍 묻힌 떡을 즐겨 먹는다

바람 무대에 올린 언약

봄비 그친 뜰에 열린 음악회
바람의 신곡 발표 무대다
깡통 장단에 나뭇가지 흔들어
흉내 낼 수 없는 연주

바깥 풍경 아랑곳없이
등 돌리고 누운 남자
목덜미에 흘러내린 깊은 계곡에
보일 듯한 잠결이 고인다

물기마저 말라 버린 골짝
오래 묵은 측은지심이
감춰진 언약의 상자를 열었다

지워지지 않은 말씨 틔워
와락 달려들어 눈시울 적신다

허리춤에 매달린 가족들에게
사랑의 불씨 지피느라
젊음을 던져 버린 숨소리만
슬픈 노래로 거칠게 두드린다

한생이 지구촌 다녀가는 길
기쁨의 애잔한 숨결이
스멀스멀 일어나는 밤이다

바닷가에서

바다는 성난 폭풍도
잘 견디어 내는데
작은 시련에 흔들리는 난
얼마를 더 살아야
만사에 초연해질까

외길 인생 때론 길 벗어나
혼자만의 길 걷지만
등 뒤에 남겨지는 발자국
비뚤어질까 자꾸 돌아보다
어느새 제자리를 걷는다

오월의 꽃이여

오월 꽃 한 송이 피고 지는 것
제대로 담지 못했는데
계절의 순환 열차는 어느새
그 사람이 하차한 정류장을
마흔네 번째 지나고 있다
전봇대 의지하고 사는 소나무 끝에
장미꽃 피었다 우기고
전봇대 감아올린 덩굴장미를
오월의 신이라고 칭송하던 사람
죽어 장미가 되고 싶다
늘 꿈꾸듯 말하더니
꿈 펼쳐 보지도 못한 채
사계절 지지 않는 꽃이 되었다
검붉게 떨어진 잎마저 눈부시던 날
하늘은 왜 그리 맑은지
고개만 들어도 눈물 그렁그렁
조국의 가슴에 피어
영원히 지지 않는 꽃이 되었다
다시 그 시간을 되돌이보며
허공에 쓰인 애달픈 역사를
붉은 꽃 몸짓에서 읽고 또 읽는다

나는 어디에 속하는 걸까

평화의 공원 숲에서
나무껍질에 핀 황금색 꽃을 봤다
고목에 피어
사람들의 관심을 끄는 꽃
어떤 이는 버섯이라 하고
어떤 이는 곰팡이라 한다

꽃은 땅의 옷
균류 자낭균이나 조균식물로
땅 지(地)와 옷 의(衣)자 써 지의류라 하는데
지구 표면 6~8%를 덮고 있다니 놀랍다
균류는 엽록소 없어 혼자서는 살아갈 수 없다
협력해야만 살아갈 수 있는 생명체
붙어 있어야만 생명의 노래 부를 수 있는 몸

나는 어느 부류에 속하는 걸까
천만 시민 북적이는 서울에 살면서도
홀로 있는 게 좋아
망태버섯 찾아 산을 오르고
야생화 핀 산길을 걷고 있으니

택배로 온 행복

먹어도 배부르지 않은 더위로
입맛 외출한 허기진 배
양분 달라 시위하는 여름
힘없는 소리 겨우 목줄 타고 오를 때
대문 박차는 소리 정신을 흔들었다
천둥소리에 놀라 여는 문 미동도 않는다
틈새로 밖을 살피니
파리 한 마리 보이지 않는다

놀란 가슴 문 꼭꼭 걸어 잠그고 속앓이하는데
발레 공연 다녀오던 아이 훨훨 나는 기분인 듯
박스 내려놓으며 하모니카 노래를 부른다

어머니 식량 한 박스
여름의 진미 왔어요
노래 싣고 왔어요
대관령 넘고 진부령을 넘었어요
초록 옷 벗기고 냠냠
황금 구슬 톡톡
야, 맛있겠다

쓸쓸한 산책길

식물공원 연밭 산책을 하다
도시의 낚시꾼에 홀려
길을 잃었다

연꽃잎 아래 숨어 앉아
풀줄기 낚싯대를 드리운 사람들
낚싯대에 매달아 놓은 잠자리
눈먼 아기 잉어가 물었다

젖은 양말을 말리던 아이들
들풀처럼 일어나
잉어를 둘러쌌다

연꽃 사이에 깃든 들풀 같은 인간의 꽃들
미물의 고통 아랑곳없이
흥미진진한 평화를 흩뿌린다
꿈이 잠들어 목이 마른 아이들
사랑과 믿음 사이에서
죽이는 법을 먼저 깨우친다

조심조심 살아도 언어의 비수
피해 가기 어려운 세상인데
연꽃잎 떨어지는 수면 위엔 육두문자가 쌓인다
분홍빛 파장을 일으키는 쾌락의 유희에
넋 잃은 어린 영혼들
사람의 등불이 꺼져 간다

초가을 느리게 피어 하늘 바라던
고개 떨군 연꽃만큼이나
아릿아릿한 산책길이다

질긴 인연

추석 명절 선물로 산낙지 상자가 배달되어 왔다
흥분 가라앉기도 전 열두 마리 낙지
싱크대에 쏟았다
벽을 타고 오르는 일은 선수

이 발 떼면 저 발 오르고
저 발 떼면 이 발 경계를 넘어 탈출이다

뜨거운 물세례를 줄까
마음은 몇 갈래 길을 헤맸지만
산 채로 먹어야 내음 느껴질 것 같아
모래만 씻어 낸 후 도마에 올렸다
질긴 생명력 사방으로 발 뻗어 버둥댔다
온 힘을 다해 빨판을 조이는 낙지

누군들 안 그럴까
생명이 위태로우면 나는 더 했으리라
악을 바락바락 쓰며 죽기 살기로
벗어나기를 원했을 것이다
낙지는 말 한마디 않고
온몸에 힘을 주는 듯 보였다

그래도 어쩌랴
먹고 먹히는 사슬의 인연인 것을
토막 난 주검 앞에서 양심은 잠잤다
단말마의 비명 한 마디 없이
식탁 위에 행복의 꽃 피워 준 삶
죽어 가는 소도 힘을 얻는다니까
양념으로 웃음 더해
뱃속 채웠으니
건강하게 살아야겠다

화전

신선바위 절벽에 핀 진달래를 보았다
바위틈에 뿌리 내린 진달래
공항 방향으로 뻗은 가지들
몇 년은 족히 된 듯 제법 크다

바람이 지나다 부려 놓은 찬기에
옷깃 여미다 살랑대는 꽃잎에
마음을 얹었다

결혼하던 해 이 산을 참 많이 올랐다
도시에 산이 있는 것이 좋았고
산을 오르면 공항이 훤히 보이고
수시로 날아오르는 비행기에
마음만 싣고도 전 세계를 여행했다
어느 나라 비행기인지 알 수 있는 거리에 앉아
지도 한 장 펴놓고 속내를 꺼내 놓으면
세상을 얻은 듯 행복했다

산을 내려올 때면
꽃잎 한 줌 따다 화전을 만들었다
찹쌀가루 반죽하여 팬에 올리고
꽃잎 펼쳐 놓으면
분홍색 화사한 꽃이 피었다

노릇노릇 구운 화전
가지런히 담아
봄 한 접시 밥상에 올리면
행복으로 피어오르는 향기로움
사랑 꽃을 피웠다

늘 그리운 것은

늘 푸른 바람이 산허리를 안고 도는
아득한 소백산맥
생각만 해도 경이롭다

시골 아이라
특별하게 내놓을 것 없어도
삶의 뿌리는 참 맑다

푸른 별이 반짝이는 하늘 아래서 태어나
설산, 초록산 높은 곳을 바라보며
하늘로 가는 길이 있을 것이라 생각했다

누구나 어린 시절엔 꿈이 많다
하늘의 별이 될 것도 같았고
산꼭대기 큰 나무가 될 수 있을 것이라 생각했다

어쩌다 먼 타향에 와
이런 기능, 저런 기능 상실하고 나니
세상살이가 만만치 않다

몸은 늙어 가고
마음은 상처투성이 되어
아린 맛 쓴맛 섞여
어떤 게 진미인지 구분도 못 한 채
살아남기 위한 처절한 몸부림을 친다

오늘도 서산을 향해 가는
철새들을 바라보면서

꽃이 전하는 말

꽃과 잎
서로 다른 계절에 피어
영원히 만나지 못하는 인연
상사화

꽃말이 참사랑이듯
겨우 이름만 아는 두 사람의 사랑에 취해
꽃을 그리며 자야 생각
잎을 그리며 백석을 생각한다

두 사람의 사랑
누가 잎이고
누가 꽃일까

백석의 시집 한 권 받은 날
꽃 진 대궁 앞에 쪼그려 앉았다
백만장자의 재력도 백석의 시 한 줄만 못하다는 자야,

일천구백삼십육 년 가을 함흥영생고 영어 교사인
백석 만나
진향을 버리고 자야로 거듭난 삶,

제도와 신분 인습의 벽에 부딪혀 좌초한
짧고 애절한 사랑
역사에 빛날 줄 누가 알았을까

길상사 뜰에 심긴 사랑
이십일 세기를 살아가는 이들에게
순정 바친 숭고한 모델 되었으니
신실하고 순수한 사랑
세월이 증인

신세계를 향하여

가을비가 무겁게 꽂힌다
인적 드문 도시의 거리가 암울하다

일정한 간격으로
우울한 공기 흐름에 업혀
날아오르는 저음의 금속음
창가에 기대어 빗속을 뚫고
맑은 세상으로 간다

구름층을 타고 오르던 기억
번개 치는 먹구름 위를 날던 기억
이런 풍경을 직접 볼 수 있는 여행이 좋다

트랙을 오르기 전 하늘은 어떤 모습일까
스쳐 가는 하늘을 보며
어려서부터 꿈꾸던 세계가 어디쯤
준비되어 있을 것이라는
상상의 나래를 펴고는 했다

개똥밭에 굴러도
이승이 좋다 했지만 내면의 세계는
늘 신세계에 대한 그리움이 가득하다

누구도 예외 없이
때가 되면 저승으로 가야 할 인생
집착하며 살아야 할 이유가 없다 해도
무시할 수 없는 삶
이 순간도 티를 남기지 않기 위해
최선을 다하여 디딜 자리 찾는다

종다리 편지

청명한 하늘에 떠가던 구름 어디로 가고
종다리태풍 밀고 온 것은
잿빛 구름 한 덩어리
처서에 비 내리면 흉년이라더니
가을 농사는 뒷전이고
산목숨 담보로 내건 포상금에 눈이 멀었다

산골의 주인은 멧돼지 고라니
소백산 오르내리던 고라니
목줄 죄던 포수들
빨랫줄에 날아드는 까마귀까지
대상이 되었다

수영하던 남한강, 물장구치던 도담삼봉
철새로 날아든 민물가마우지
마리당 오천 원 구미 당기는 소식에
어린 날 새총 들고 남의 집 창문 뚫던
재식 창식 돌쇠 포수를 꿈꾼다니
에라, 이 녀석들아
살생 금지 염불 외던 기억 살아나
개미도 못 죽이는 마음 되어라

장맛비가 준 손맛

요리 솜씨 짧은 주부
빗소리가 불러온 옛 맛 그리워
물려받은 냄비에 수제비를 끓인다

멸치와 다시마
감자 두 개 잘라 넣고
푹푹 끓이니 비릿한 냄새
식욕부터 생긴다

반죽 떼어 끓는 물에 넣으니
몸부림치며 떠오른 반죽 수제비
날개 쭉쭉 펴 그림을 그린다

황새가 되고 나비 되어 난다
환상의 화판이 된 물 동작 풍경
눈빛에 행복의 꽃을 피운다

애호박과 파를 넣은 후
국물 한 수저 맛보니
일등 주부 자격은 아직 멀었어
시어머니 사랑 맛이 그립다

인생의 가을을 위해

계절과 계절 사이 시간의 언덕을 오르다
만물의 환호성에 눈 크게 뜨고
회색빛 도시의 형상 벗으니
산천초목이 환상의 수채화
나뭇잎은 울긋불긋 길가의 들풀은 수런수런
꽃보다 곱게 채색된 산과 들

계절이 오고 가는 것에 대한 감각도 없이 살아온 날들
바쁨이란 올가미 꽤나 두껍다
가슴을 바람으로 쓸어 내니
초목의 속삭임 노래가 되고
산천이 주는 색의 미 눈부시다

오라, 신은
시시때때로 좋은 선물을 주시는데
지나친 날들이 많았구나
하얀 겨울이 오기 전
낙엽을 엮어 가슴에 날개를 달자
머리끝에서 발끝까지 시의 옷 입고
인생 황금의 계절로 날아오를 수 있도록

제4부
장화리 바닷가

장화리 바닷가

해풍 밀려와
붉은 물
주름 펼쳐 놓는 바닷가

해는 하늘에 떠서
마을로 이어진 물길에
복사된 해 하나 더 띄우고
재빠르게 바다로 뛰어든다

둑방에 줄지어 선 사람들
침몰하는 석양
세기의 명작으로 남기려는 열정
셔터 소리에 얹어 가슴에 품는다

낚싯대도 없이 건져 올린
이런저런 감성 시가 되고 노래되어
심장 뛰게 한다

짠맛 낮게 깔린 해변 만선의 기쁨인가
포구로 돌아가는 통통배
고동 소리 경쾌하다

다시 겨울이 오고

그대와 함께 걷던 강변엔
다시 겨울이 돌아오고
추억만 서성이는 갈대밭엔
기러기 떼 지어 노래한다

수정빛 얼음 위에
흰 발자국 찍으며 부르던 노래
먼저 찾아와 나를 반겨도
그대 없는 강변은 쓸쓸하다

아, 아 그 시절 그리워라
아, 아 그리운 사람아

정답게 얘기하던 달콤한 속삭임은
메아리가 되었나
애달픈 사랑의 그림자만
기러기 날갯짓에 실린다

북정 마을

부와 가난이 공존하고 과거와 현재가 함께한다는
문장을 읽고 난 뒤, 가슴에 바람이 일었다
호기심으로 급조된 탐방 친구들
어느 쪽으로 먼저 갈까 망설이다
마을을 한눈에 볼 수 있는
비둘기공원으로 정했다

둘이 걷기도 힘든 골목길을 오르다
호흡 고르느라 멈춰 섰다
엉거주춤 전봇대에 기대어 본 풍경은
역사를 백 년쯤 뒤로 돌려놓았다
금 가고 이가 빠진 기와지붕
긴 세월 바람 흔적이 역력하다
지붕 한쪽엔 주저앉은 도깨비풀
말라 버린 와송과 가족을 이뤘다

희미해진 입춘대길 글귀 붙은
삭고 비틀어진 대문 틈새로 안을 보니
누군가 살았던 흔적만 있을 뿐
마당에는 마른 풀이 무성하다
마루 구석 함지박에 걸쳐진 얼룩 저고리

집안 내력을 보여 준다
긴 옷고름은 고난을 털어 내지 못해
한 모금 물 찾는 소녀로 얼비쳤다
혼불인 듯 오후의 빛 한 줄기
방 안 형상 그림자로 담아
마루로 내보낸다
피 울음 사연 들리지 않아도 가슴은
동네의 역사를 읽어 내고
마당을 거닐던 걸음의 무게를 잰다

윤동주 언덕에서

우물에 자화상을 띄워 놓고
별을 세던 시인은
아스라이 은하수의 별이 되고
나는 홀로 꽃들 만발한
시인의 언덕을 흔적 따라 올라갑니다

꽃들의 잔치 포근한 언덕
홍매화나무 곁에 서서
별 세는 그대인 듯 향긋함을 품어 봅니다

잎에 부는 바람에 괴로워하며
시혼에 깃들었던 삶이
언덕 위에 뿌려져 싹을 틔우고 있습니다

다녀가는 이마다 가슴에 품은 씨앗들
한 편의 시가 되고 수필이 되어
읽는 이의 가슴에 불을 켭니다

육첩방에 앉아 조국을 그리던 임
꽃바람 속에 든 향기 그대이겠지요
오늘 밤엔 내 가슴에도 그 별이 뜨겠습니다

서울역에서

지하 7층 역사에서 공항선 타려다
좌석 차지하려 양심을 팔아 버린 두 여인
고성방가 직격탄에 파편 맞은 가슴
말 못 하고 지상으로 튕겨 나왔다

떠날 사람은 떠나고 돌아올 사람은 돌아오는 곳
이것이 삶의 순리련만
만남과 이별 속에서 인생의 길을 배운다

세상을 발아래 두고 사는 착각에 빠져도
언젠가는 그대와 나
각자 정해진 시각에 종착역에 닿을 텐데
사는 동안 잘 살아야겠다고 다짐한다

막차 타겠다고 뛰는데
생존을 부르짖던 짐꾼들 간 곳 없이
딸을 찾던 노모의 울음 멈추고
천국을 팔던 호객 소리 들리지 않는다
시간의 흐름에 날카롭던 이빨마서 퇴화한 것인가
노숙자들 시선만이 따갑게 뒤꿈치를 훑어본다
다시 기적 소리 듣고 싶다

동박새

사람들은 사랑의 시인을
수선화라 부르나
몸짓은
영혼의 날개 반짝이는 새 한 마리

예술가의 집에서 처음 친견한 날
심장 뛰는 소리 들킬까 봐
가슴 조이며 바라봤다

이름을 불러 줄 때
감미롭고 청아한 음성
어머니의 사랑이고
눈동자는 때 묻지 않은 맑은 거울이었다

고희 언덕에 섰다고 누가 믿을까
반듯한 중년의 절제된 미
영혼의 빛깔이 있다면
동박새 깃털일 게다

붉은 꽃 뚝뚝 떨어지는 동백나무에 깃들어도
티끌 하나 없이 깃털 보존하는 여린 새
기나긴 여정에
허물 한 티 찾아내지 못할 삶

문득, 수선화를 읽게 하였다
부끄러운 눈으로 바라보니
저만치 앞서가는 삶
창공에 길을 내며 날고 있는 새
날개는 여전히 빛을 뿌린다

현충사에 깃들다

현충사 어머니 뜰 우물가
유난히 울퉁불퉁한 돌멩이들
험난했던 조선의 역사 가리려는 듯
틈새 없이 촘촘한 판자로 덮였다
깊이와 물맛이 궁금하여
까치발 돋움 해 보지만 알 수 없다
항아리 뚜껑엔 새벽 빗물 찰랑찰랑
금지선이 된 새끼줄 두 가닥
자유롭게 넘나드는 것은 박새 두 마리
깃털 다듬으려 뛰어든 항아리바다
흩뿌려지는 물방울들 빛 품은 보석이다
가슴으로 잡아야 할 용두레
성웅 이순신 장군의 걸어간 문 열어 준다
땅속 깊은 곳에서 솟아오른 지하수
조국을 구할 생수였으리라
한산 앞바다 물 다 길어 올린다 한들
그 넓은 가슴 적실 수 있었을까
궁휼히 여긴 민초들이 품은 애국심으로
목숨 바쳐 나라 사랑한 정신
누가 흠모하고 이어 갈까
육신은 해전에서 피 흘렸을지라도

민족의 태양 되어 시대를 빛냈으니
빛과 지혜 민족의 자랑이다
이 시대를 살아가는 사람들아
구국 영웅의 들메끈도 풀지 못하는 우린
얼마나 부끄러운가
조국의 기둥은 되지 못해도
이순신의 정신 이어받아
두고 간 그림자라도 사모하자

소악의 봄

반백 년 세상과 단절되었던 심연에
빛 한 줄기 스미던 날 궁산을 갔다
아까시나무 터널이 된 길에서 들꽃을 봤다
핑크 사랑 초롱초롱 열린 금낭화
쪼그려 앉아 귀 기울이니
가슴을 열었다

삶의 길에는 겨울이 있단다
혹독한 시련을 견디어야만 꽃이 핀다
겸손한 삶은 값없이 얻어지는 게 아니다
인생은 사랑이다
그 사랑은 그 인내의 열매다
힘들어도 그리 살아야 한다고,

花 설법에 긴 호흡을 했다
뼈저린 무엇을, 어떤 것을 얻기 위해
사유의 뜰 거닐어 보지 않은 삶
뒷모습이 부끄러워 가슴으로 물었다

지금 시작해도 늦지 않겠느냐고
그리고 온종일 읊조렸다
그대는 어떤 사명을 받았기에
온몸으로 사랑을 쓰냐고

소악루에 안기니 겸재 선생 환청이 들렸다
붓끝에 핀 사랑 천년 가듯
펜으로 쓴 사랑도 그렇다
글 한 줄 쓰더라도 혼이 깃들도록 해라

명륜당 뜰에서

철없는 밀잠자리
꿈 좇다 절망의 파장에 휩쓸려
명륜당 뜰에 던져졌다

기진맥진한 영혼 마당에 홀로 앉아
땅속 깊은 곳에서 들려오는 아우성
자음 모음 짝 찾아 그물을 짠다

유생들 심어 놓은 말씨들
건져 갈 입을 기다리나
눈빛 마주치려는 단군의 후예
영혼의 밥그릇 더운 김 피운다

육백 년 역사의 걸음 기억하는 것은
은행나무 두 그루
잎사귀 푸르게 펄럭여도
수족이 된 지팡이 녹물이 흐른다

21m의 키 7m 둘레 무슨 의미가 있을까
천연기념물이라며 수목들에 기세등등
허울만 좋을 뿐 은행알 맺지 못했다

밀어내는 차가운 기운에 등 떠밀려
하늘 향해 정신 일깨워도
밤새 뿌려진 일곱 별 그늘 벗어나지 못한다

궁산에서

오월 소악루에 오르니
숲은 우거져 마을은 뵈지 않고
강 건너 일산으로 가는 길
자동차 불빛만 화려하다

물빛에 스민 강변의 밤 풍경
반듯한 그림자는 보이지 않고
휘청휘청 제멋에 겨워
푸닥거리한다

산을 덮은 아까시나무꽃
향기는 좋은데
바람에 살랑이니 금수 꿈틀거림 같고
소쩍새와 자동차 울림
주고받듯 혼합된 울림
풍류에 휩싸이니 누각의 봄
한껏 취하여도 누가 뭐랄까
달빛마저 밝으니
세월 멈추면 좋겠다

팔월의 바다

오메가 여사 그리워하는 문인 여섯
을왕리 바다를 찾았다

팔월의 언덕 오르는 시간
절정을 달리는 피서는 명분만 있을 뿐
텅 빈 바닷가 모래밭엔
붉은 파라솔버섯 쓸쓸하다

문득 공항 지나올 때 봤던 풍경이 스친다
3층 출국장에는 인파 넘쳐
바로 설 수 없어 꼬부라진 줄
문 입구까지 이어졌던데
피서를 모두 외국으로 간 게야

상념에 젖어 모래밭 거니는데
우렁찬 함성 흩뿌리며
방파제 쪽에서 달려온 한 무리의 청년들
석 달 열흘 바다에서 산 듯
블랙 미스그 이방인들이다

21g의 영혼 자유를 찾아

참 깔끔하던 삶이었는데
책을 베개로 쓰시던 아버지를 닮았는지
머리맡에 책이 쌓이기 시작하더니
침대 위까지 점령했다

읽지 않으면 내 것이 되지 않는데
이런저런 구실 붙여 쌓아 둔 책들
쓸데없는 미련 남아 표지만 읽던 책들
이제는 버리고 여행을 떠나자

천 년 역사 앞에 무릎 꿇자
신라의 천 년 서고에 작은 몸 기대서서
범종의 울림을 듣자
전설 속 어느 아이 제 어미 찾는
흐느낌 세포마다 스며들어
다시 세상으로 울려 퍼지도록 마음을 닦자
법고가 된 소의 음성에 귀를 기울이자
팔 아프게 두들겨 패고도
속죄받지 못한 무슨 죄업이 있다
오해는 하지 말자

우주 공간에 인 가죽만큼 두꺼운 것이 있으랴
21g의 영혼 무게를 안다면
마음 저울추 무섭겠지만
시력마저 감퇴되면
어둠 한 줌 올려놓고 세상을 잰다

길어야 백 년인 삶
걸음걸음 살펴 걷자
중동의 역사 감춘 경주 계림로 보검
국보로 인정받아도
그의 몸 이룬 유전자 사라지지 않듯
나 또한 삶의 길에 뿌려지는 작은 호흡마저도
사라지는 것 없을 터이니
창조주의 손바닥에 오른 삶
흠 없이 보존되도록 이슬방울거울을 읽자
삼라만상 우주를 품고도
빛만 뿌려대는 이슬의 품성을

선유정의 밤

바람에 이끌려 오른 선유정
보름달 떠올라 훤하니
잠들지 못한 나그네들
속삭임 소곤소곤

한강을 떠가는 유람선
물길 가르고
달빛은 찰랑찰랑
물결 위에 부서진다

대숲에서 들려오는 피리 소리
가슴으로 스며드는 가락
비루강의 전설
로미오와 줄리엣
감미로운 선율이
영혼을 어루만진다

이름을 잡고 따라오는
그리운 얼굴
가슴 아린 사랑을 쓴다

목멱조돈

생명의 기운 흐르는 목멱산
연둣빛 명암 위로
찬란한 아침 해 솟아오르니
광명 펼쳐진 세상 평화롭다

고요히 산을 안고 흐르는 물 위로
나룻배 저어 가는 사공
능수버들가지 살랑이듯
희망 실은 노랫가락
물안개 위로 피어오른다

산아, 산아 금수강산아
겸재 선생 손끝에서 피어난 산수화
수백 년이 흐른 지금
민족의 자랑이 되었듯이

배달민족의 기상
서해로 가는 물처럼
흐르고 흘러
세계를 품자꾸나

호수에 뜬 달

궁산을 내려온 지 두 시간
여전히 코끝에 앉아 있는 솔향기
서늘한 바람 타고 물결 위로 흩뿌려진다

호수에 둘러서서 슈퍼문 향해 선 사람들
환호성을 지르다가
솔향기에 귀 쫑긋 세우고
물 위를 떠도는 이야기를 듣는다

오늘은 유난히 붉은 달빛
물결은 찰랑찰랑 소곤대고
물에 비친 달은 일그러져
하나의 형상에서 두 얼굴이 겹친다

일그러짐 없이 살겠노라 힘쓰지만
누구의 눈에는 물속 달처럼
비뚤어진 현상만 보이는 게 아닐는지

인간의 삶이나 지구의 삶
둥근 역사 만들기가 쉽지 않은 걸까
전쟁이 그치지 않는 혼란
지구의 어느 모퉁이를 다듬는 걸까

달이 붉으면 피 흘림이 낭자하다는
예언가의 말이 스쳐 가는 보름밤
붉은 달을 씻어 내는 호수의 물이
발그레한 주름으로 겹친다

참성단에서

마니산 참성단에 올랐다
눈빛은 수직으로 하늘에 닿는다
하늘 문 여닫는 곳
푸르다 못해 검푸르게 빛난다
단을 돌며 민족의 뿌리를 그린다
단군 시조가 첫발을 디뎠다는 사적지
용맹의 상징 백두 호랑이
미련하다는 칭호를 받았어도
세계인의 사랑받는 웅담 품은 곰
마법의 구름 그리다 흩어진다
석단(石壇) 아래 소사나무 한 그루
뿌리로 길어 올린 샘물이
민족의 젖줄로 솟아나는 불가사의한 신비
오천 년 역사를 쌓아 온 참성단
빙빙 돌다 방축 아늑한 해변에
그려지는 유적지와 섬
릉포와 고가도의 선두포구
간척사업으로 완전히 바뀐 섬 아닌 섬
교동대교 아래 미끄러져 가는 작은 배
민족의 미래를 여는 희망의 깃발
힘차게 펄럭거리며 바다를 건넌다

임진각 인동초

장단콩 자랑에 일행과 찾은 평화누리공원 이곳저곳
관광하다 임진강 건너는 평화곤돌라 탑승했다
땅거미 밀려드는 시간에 임진강 건너며
DMZ 경관을 눈 속에 담는다
추수 끝낸 논에 흰 망토 쓰고 보초 서듯
듬성듬성 놓여 있는 볏짚 뭉치들
분단의 현실에 심장이 조여든다
경계심 가득 품고 수려한 경치를 봐도
감탄에 억눌린 눈동자 불꽃이 튀었다
하나라도 더 촬영해야겠다는 숨 가쁜 순간
낮과 어둠의 경계를 넘는 노을은
물체를 하나둘 어둠 속에 감춘다
시간의 소중함을 간절하게 느낀 날이 있었을까
마지막 곤돌라 타고 귀환하는 분단의 허공
임진강을 건너고 안도의 숨을 내쉬며 전망대에서 본
북쪽은 어둠뿐인데 북쪽을 향한 꽃 한 무더기
난간에 매달려 환하게 웃고 있다
가을과 겨울 사이 홀로 피어 웃는 얼굴들
한 몸에 두 가시 색을 띤 인동초
흰색과 노란색의 꽃잎을
남북으로 오가는 바람에 갈피 없이 흩날린다

선유도 대나무

고소공포증이 있는 나는 태연한 척 속내 숨기고
난간 의지하고 살살 걷는데
매미채에 매달린 아이들 소란스럽다
졸인 가슴 아이들 함성에 터지는 줄 알았다
대나무밭에 도착하고서야 감탄사에 막힌 숨이 열렸다
동짓날 도심(都心) 죽림에 깃들어
당나귀 귀를 찾던 눈빛
마디 속에 숨겨 둔 세월을 찾았다

하늘을 향한 나무들 마디마디에 채운 역사
반듯하고 울창한 숲
선유도에 자주 왔어도 보지 못했던 것
오늘에야 겸허한 마음으로
내 생의 빈약한 삶을 속 빈 상록수에 비춰 본다

네 개의 원형 공간, 수질정화원, 녹색 기둥의 정원,
이야기관 선유도가 자랑하는
어느 곳에도 속하지 못한 너를 보며
네가 선 곳에 나를 세운다

제5부
자연이 보약

꽈리피리

마땅한 놀잇감이 없던 시절
꽈리는 사랑받는 피리였다
하얀 꽃 떨어진 자리에 초록 열매 맺어
주홍빛 주머니 물들면 껍질 벗기고
바람의 노래를 불렀다

꽈리 파기 노래 집안에 울리면
열흘 굶은 구렁이 개구리 삼키는 소리 같다고
어른들이 호통치던 꽈리피리

별빛 가득한 밤하늘에 울려 퍼지던
소녀들의 조형 유희
급속한 세속화가 도시로 내몰고
동그랗던 노래는 끊겼다

인사동 여자만(汝自灣) 뜰에 핀 꽈리
살며시 눈 감고 옛 풍경 그려 보지만
골목 끝에서 들려오는 애틋한 창화
풀지 못한 그리움 덩치 살찌우고
골목 가장자리마다 고여 드는 옛 소리에
무겁던 걸음 구름 탄다

가을 풍경

하얀 머리 어르신
허리 굽혀 쓴 기역 자
받혀 세우는 노란 국화 화분

저만치 걸어오는
국화보다 아름다운 꽃떨기
걸음걸음 옮겨 놓는 인생의 진리

망부석 되어
시곗바늘 눈으로 바라보는데
골목이 감춘 우뚝 선 감나무
동네 참새들 다 모였나
어르신 뒷모습 지우는 울림이 크다

국화 감나무 참새 어르신
계절과 어울려 각자의 길을 그리는데
풍경에 취해 홀로 웃고 있는 나

가야 할 길을 잊고
눈으로 본 것이 소리로 읽히며
흩어진 가을 길을 모은다

자연이 보약

짙푸른 하늘빛 받으며 개화산 오르는 길
지난여름 울창했던 여름 나무
앙상한 가지로 숲을 이뤘다
떡갈나무는 갈색 잎사귀 그대로
바람이 불러 주는 음표 따라
바스락바스락 떡시루 소리를 내어
자연의 소리 속에 안겨들게 한다
도시의 소음에 헐거워진 귀
숲의 심장 소리 듣게 하고
가쁜 호흡에 맥박이 들썩인다
바람은 윙윙 푸드덕거리는 꿩을 쫓고
이름 모를 산새들 크고 낮은 울음소리
바람이 휘감는 나뭇가지 휘파람 소리에
뇌신경 조율되어 읊조리다가
산봉우리 올려다보며 따라 부른다
청산에 살리라, 청산에서 살리라
몸이 늙어 지팡이 짚더라도
푸르른 마음으로 살리라
창조의 기쁨 충만한 자연에서 살리라

호수

참 맑은 날이다
책 한 권 들고 바람의 뒤를 따랐다

호숫가엔 먼저 온 이들 가득하고
오리들은 신이 났다
첨벙첨벙 물 튀기는 소리 소란스러워도
구름 몇 조각 띄운 하늘
호수로 소풍을 왔다

오리 발짓 따라
구름 사이를 헤집고 나가도
잔물결 파장
선명하다

가지 축축 늘어진 버드나무
하늘 높이 오른 수양버들
바람이 지날 때마다 고운 피리를 분다

그늘에 앉아 책은 펼쳐 놓았지만
자연 풍경이 들려주는 이야기에
귀가 솔깃하다

안개 자락 옷을 입다

입춘우 내리는 아침
뽀얀 풍경이 놀랍다

빗속에 자욱한 안개라니
지하철역 향해 걷는 사람들
초면에도 오랜 지인 만난 듯
신비한 자연현상을 주고받는다

맑은 날에도 적막했던 공항
이륙하는 비행기 소리가 밀고 가는
안개 알갱이마다 봄. 봄. 봄
가까이 온 봄을 알린다

하수도를 덮은 판자 틈에
손톱만큼 자란 쑥잎
풋풋함을 잃지 않은 냉이
갈색 표정이 살아난다

경이롭고 장한 모습
아직 움츠리고 사는 난
한 걸음 걷기도 조심스러운데
너희들은 벌써 봄

빗방울에 움찔하는 쑥잎 앞에
쪼그려 앉아 들여다보는데
지나가던 이들 호기심을 보인다

휘날리는 안개 자락 입고
봄 향기에 취하여 혼자 즐겁다

비를 맞다

정오의 하늘에
밤낮 구분할 수 없는 먹구름
성난 울음 울고 있다

허공 유리 벽 깨뜨려 뿌려 놓은 듯
단단하게 퍼붓는 세찬 비
세상을 휘몰아친다

천지를 울리는 호령
벼락 칠 곳 찾는 급한 걸음
조명 켜는 번개 칼날
걸음 멈춰 조마조마 움츠린다

햇살 밝으면 평화만 있는 듯
앞만 보고 살다가도
때로 천둥벌거숭이들 맥없이
등 밀치고 옆구리 꼬집는 세상
저 하늘과 다를 게 뭘까

영혼 살피게 하는 번갯불
정신 흔들어 깨우는 천둥
이 얼마나 감사한가

삼라만상 어울려야
좋은 세상 된다는 것을
방울마다 깨우쳐 주는 비
우산 없이 다시 걷는다

하눌타리

우리 아파트 10층과 키를 같이 하는
은행나무 한 그루
연인인 듯 두 갈래 보듬은 가지
반듯하게 자라 수려한 사랑둥이

은행 열매 사이사이에
주먹만 한 알이 흔들흔들
세간 눈빛 받아 발길 끊이지 않던 날
누가 말했다 하눌타리잖아
높이 오른 귀한 약초
뿌리 성질은 차고 쓰며 독은 없다

소갈로 열나고 가슴 답답할 때 특효약
오래된 황달로 얼굴 누렇고 입안 마르는 것
열기와 고름 종독 제거
등창과 어혈에 명약이라
허준 선생도 사랑한 약재라니 놀랍다

자연은 경관과 약효를 동시에 줘
우리의 삶을 돌봐 주는데
사람은 자연에 무엇을 줬을까

대책 없는 봄

낮과 밤 반으로 갈라놓은 춘분 아침
아파트 수목 관리하겠다는 안내 방송 들리더니
창밖 스치는 그림자
으스스하다

앙칼진 전기 톱날
드르륵드르륵
마음까지 움츠러들게 한다

새싹도 돋기 전
싹둑싹둑 가지 잘린 자리에
닭발 발톱을 세웠다

초록의 계절
태양 빛 가려 준 은혜
가을날 고운 단풍 흔들어 주던 은혜
자연이 주는 혜택 모두 잊은 게다

편리를 위해
눈에 좋은 풍경을 고집하는 사람들
나무의 생명 따윈 안중에도 없다

눈꽃과 봄꽃

사월에 눈이 내리면 결혼식 하던 날 생각이 난다
새벽부터 내리던 비
예식 시간에는 그치고
머리 뜨겁게 내리쬐었다

날씨가 시어미 닮아 그렇다며 수군대던 하객들
웅성웅성 혼합된 언어들 사이로
다정한 음성이 들렸다
우리 딸 예쁘네
불안하고 초조하던 마음 사라지고
그때야 축하객 얼굴이 보였다

신랑 신부 입장 뒤에 나타난 조카의 별난 응석
예식장 떠나갈 듯 통곡했다
아이 낳고 혼례 치르는 것 아니냐며
순결한 신랑 신부 죄인 만들었다
다정히 촬영한 사진 한 장 없는 결혼식
면사포 벗고 동해로 떠났다

시집살이만큼이나 구불구불한 길
지독한 멀미로 정신마저 혼절한 밤 지나가고
죽음에서 환생한 듯 눈 떠 보니
백설의 세상
꿈길이듯 눈길을 걸었다

오죽헌에는 명자꽃 화사하고
검은 대나무 잎사귀 한들한들
봄과 겨울을 한날에 살아 본 것은
그날이 처음이다

칠 일 사랑을 위하여

메타세쿼이아나무에 기대서서 듣는
지구를 울리는 합창에서
칠 년 어둠의 득음 경지를 듣는다

몸통 비례에 맞지 않는 눈 눈부신 날개
울음 터져 나올 때마다 들썩거리는 가슴

초점 맞춘 렌즈 눈동자의 고통
숲을 흔드는 멜로디에 희석되고
나뭇가지 사이로 쏟아지는 햇살
하늘과 땅이 빚는 숲의 예술
아득한 세계가 품에 안긴다

신비한 세계에 마음 깃들어 상상의 날개를 편다
금수에서 저런 아름다움이 탄생할 수 있겠어
돋은 날개는 또 뭐야
의문의 꼬리를 물고 이어지는 탐구력
칠 일의 사랑을 위해 땅속 칠 년은 너무 가혹한 거야

나는 삼 일만 소식 없어도
어둠 헤매다 꿈길을 걷는데

이상한 여름

장마라더니 잠깐 단비 쏟아진 후
일기예보에 오류가 생겼다
떠돌던 구름마저 걷어 낸 하늘은
청정한 푸른 바다가 되었다
눈 시린 하늘에는 구름 한 점 없고
지구를 향해 불 뿜어대는 불총새 한 마리
소나기 맛을 본 대지는
더 지독한 열기를 뿜어댄다
뜨거움 이기지 못한 풀잎
일찍 가을옷 입고
꽃 피워 보지도 못한 송이들은
처절한 몸부림에
갈색 울부짖음만 뜨거운 열기에 희석된다

사십 년을 지켜보았지만
물기 마르지 않던 샛강
골 쩍쩍 갈라진 틈새로 새겨진
기상천외한 갑골문자
새 역사를 쓰고 있나

가뭄, 환경파괴가 가져온 결과라며

자미궁

배롱나무 발그레 피운 꽃 웃음
오가는 이들 불러들이는 팔월
태양은 고향 뜰 여름 부려 놓았다

대추나무 비껴가는 구름
그리운 한낮
꽃물 들인 손톱에 첫눈 끌어들여 사랑을 그려도
세상살이는 녹록지 않다

마음과 마음 사이 경계를 허물어도
세월의 눈물 꽃 혼탁한 세상을 못 씻어 낸다

붉은 가슴을 훔친 죄로 별들마저 떠난 자미궁
요사이 하루건너 내리는 비로 인해 북극성도 흐릿하다

온난화로 바나나 동백나무 북쪽으로 터전을 옮겨도
남도마을, 제주섬 고수하는 묵직함
손끝만 스쳐도 배시시 웃고
석 달 열흘 꽃 등불 밝혀
가화만사성 몸으로 쓰는 간지럼나무
감각 잃은 손끝 신경 살아나면 좋겠다

장미의 계절

봄꽃 지고 나니 뜰은 잎사귀 무성하다
봄철 내내 눈길 주지 않던 울타리
장미꽃 활짝 피어
화사한 꽃송이들 얼굴이 곱다

바람이 불 때면
향기 그윽해지는 정원
노랑나비 두 마리
어디서 왔을까

이 꽃 저 꽃 사뿐사뿐 내려앉아 춤춘다

담벼락 타고 오르던 장미
뿜은 향기
정원에 고이니
가슴도 향기로 그윽해진다

오늘은 너도 꽃 나도 꽃
하늘의 구름도 꽃이다

서산을 넘는 구름 장밋빛이다

사랑의 계절

아침 호숫가에 서니
힘차게 솟아오르는 태양
연초록빛 머금은 물빛
반영된 물그림자
신비의 세계로 이끄는 왜가리 한 쌍
환희의 춤사위
새 생명을 향한 축제다

호수는 늘 활기차다
사람들 발길 따라 몰려오는 잉어 떼
몸단장 흥겨운 오리들 호숫가를 걷는 사람들
의미를 부여하지 않은 것이 없다

생방송 현장에서 가슴에 담는 것들은
아침 호수에서만 볼 수 있는 황홀한 비경
아름다운 풍경 감상할 수 있는 것이
고마워 감사를 한다

지금 만물은 초록빛 계절
사랑, 느낄 수 있는 가슴 지녔을 때
후회 없이 사랑하자

혼돈의 세월

지독한 여름은 주눅 들어
숨도 제대로 못 쉬던 삶
청명한 하늘 보니 눈물 난다

그리움은 목록을 셀 수 없어
뜨거운 심장으로 쓴 안부
반송이 익숙해지고
치열하게 살아야겠다는 다짐
삶과 죽음의 문장 부호 사이에 난기류가 흐른다

한강만 보이고 검룡소를 잊은 건망증
바다를 향한 갈망에 묻힌 걸까
녹조를 녹차로 보고
강물 한 바가지 마신 듯
심연의 호숫가엔
시심을 잡고 일어서는 진초록 한삼덩굴
잔가시 빼곡하다

희망을 집고 일어서는데
가을 들녘에 금빛 물결 출렁인다
내 인생도 금빛이기를 소망한다

식물에게 배운다

삭막한 도시의 삶 속에서
자연과 동행하고 싶어 식물을 키운다

음지에서도 잘 자라는 덩굴식물 두 뿌리
공기정화를 위한 벤저민과 관음죽
동·서양란 두 촉 그리고 계절 꽃나무들

좁은 공간에서 살아가는 식물들
건강하게 자라기를 바라며
물 주고 영양제 주고
지혜 발휘하여 구역을 정해 준다

관음죽은 장소 불문 하늘바라기다
어떤 식물은 한 방향만 고집하는 성질 있어
몸 비틀어서라도 제 길을 간다

만물의 영장이라는 나는,
자주 방향 잃고 갈팡질팡이다
젊은 날엔 열정 넘쳐 그랬다 해도
이제는 마음의 나침판 흔들림 없어
하늘만 바라보는 관음죽 마음이기를 기도한다

꽃에서 읽은 가치

마음에 여유가 그리운 날 천마산을 오른다
산길에서 만나는 꽃들 키 낮은 풀꽃
모든 것이 친구다

물봉선, 고사목에 기대 핀 점박이꽃
고산 오르는 골바람 견디어 낸 몸
상처투성이다

흠 없는 상품이 최고의 가치라 여겼던 마음
겪어 보지 않은 고난을 어찌 말하랴
한 송이 꽃을 피우기 위해
겪어야 했을 수많은 고난의 시간
꽃에서 읽고
부끄러워 고개를 숙였다

책상에 앉아 상상의 나래로 빚은 글은
꽃의 마음을 모르는 것이다
상처 가득한 몸으로 한들한들 바람에 몸 맡기고
생의 노래 부르는 꽃을 통해 비로소 깨닫는다
삶이 얼마나 소중한 것인지를

계피 방향제

연일 빗나가는 보도로
미래를 보는 혜안 신뢰를 잃었는데
홍수 주의보 문자는 차곡하다

예보를 비웃듯 하지를 정점으로
오던 길 되돌아선 햇살
난로 켠 듯 분사하는 열기
여명부터 헐떡이게 한다

장마 대비하라는 뉴스 들으며
퇴근길에 동행 선생이 건네준 계피나무 한 뭉치
습기 많은 날 끓여 마시면 좋다기에
식탁에 두었는데
밤새 뿜은 향기 집안 가득하니 자연산 방향제

삶이 그렇다
예기치 못한 일이 기쁨이 되고
슬픔이 되기도 한다
나쁜 냄새 잡는 법 터득했으니
향 뿜는 식물 알아야 하지 않을까
깊숙이 꽂힌 산 약초 도감을 펼친다

문학과 나의 인생

　토박이 우리말에서는 문학을 말꽃, 예술을 삶꽃이라고 한다. 단어가 얼마나 아름다운가. 내가 시를 쓰지 않았다면 생활 언어밖에 모를 일이지만, 시를 쓰다 보니 우리말의 예쁨에 감탄하는 일이 종종 있다.
　문학을 하는 것이 중요하다는 것은 이런 우리말이 잊히지 않도록 돕는 일을 한다는 것에 자긍심을 갖는다.
　내가 문학과 인연이 된 것은 초등학교 시절이다. 초등학교 6학년 담임이셨던 김현철 선생님은 지독하게 음악을 좋아하는 분이셨다. 본인이 노래를 좋아하는 것은 괜찮지만, 툭하면 앞으로 불러내 노래를 부르도록 하는 데는 어쩔 도리가 없었다. 풍금을 잘 치던 선생님은 공부보다 노래에 관심이 있었던 것으로 기억된다. 오, 나의 태양, 금발의 제니, 에델바이스 등 중고등학교에 입학해서나 배우는 노래를 심심하면 풍금을 치며 부르고는 했다. 선생님이 부르던 노래는 결국 나에게 넘겨져 마지막 노래로 동요 한 곡을 불러야 풍금이 멈췄다. 어느 날 반항기가 고개를 들었다. 목요일마다 진행되는 특별활동 시간에 문학반으로 갔다. 문학반은 시냇가나 낮은 언덕에 올라가 글을 짓거나 자연 생태에 관한 공부를 하거나 물가에서 고기를 잡기도 했다. 공부는 부반장을 할 정도이니 못하는 것은 아니었다. 문학반 선생님은 신청이 안 되어 있는 학생임에도 늘 반겨 주셨다. 동시인지 시인지 구분도 안 되는 글을 쓰면 선생님이 읽어 주거나 학생이 읽어도 늘 칭찬해 주셨던 선생님 그게 인연이 되어 독후감 쓰기 경연대회도 나가고 하다 보니 문학에 관심을 가지게 되었다.

두 번째는 아버지의 책 사랑이다. 초등학교 시절 방이 4개인 집에서 살았는데, 아버지 방 윗목은 책장이 있었고 당시 많은 책이 있었다. 무협지, 만화, 문학, 역사 서적 등, 『데미안』을 그때 읽었다. 아버지가 소천 후 서재에서 가져온 신석정 시인의 『촛불』은 초판 발행 시집이다. 젖소 목장을 하셨던 아버지 서재는 조선왕조실록, 근대 정치사, 그리고 시집 등이 있었다. 아흔이 되던 해 심장마비로 세상을 떠나신 아버지는 소중한 정신을 상속해 주셨다. 아버지의 책 사랑도 문학의 길을 걷는 데 영향을 미쳤기 때문이다.

나는 문인이 되고자 노력한 적은 없다. 신학을 하고 25세에 아이들 가르치는 일을 시작해서 56세에 그만두었다. 그리고는 기독여성신문 취재부 부장으로 세상의 일을 시작했다. 오랜 시간 설교를 했고, 기독교 연합 120여 개 교회가 모인 여선교회연합회 회장을 하며 쌓아 온 인맥이 신문사에 들어와 일하는 데 큰 도움이 되었다. 무엇을 하면 집중해서 하는 경향이 있는데 입사 몇 년은 대학 총장님들 인터뷰를 담당해서 우리나라 기독교 대학 총장님들 인터뷰는 거의 다 했다.

현 국가교육위원회 위원장인 이화여자대학교 이배용 총장님, 이화여자대학교 장상 총장님, 협성대학교 최문자 총장님, 숙명여자대학교 이경숙 총장님, 서울여자대학교 이광자 총장님, 안양대학교 정상훈 총장님 등, 이름을 다 기록하지 않았지만, 지금도 이분들은 현직에서 다음 세대를 위해 또는 어떤 경로로든 사회를 위해 헌신하고 봉사하는 분들이다.

시인이 된 것은 2007년 작고한 박건호 시인의 적극적인 뒷받침 때문이다. 당시 네이버에 개인 홈페이지를 운영하고 있었다. 우리나라에 인터넷 보급이 된 지 오래되지 않은 당시라 사진 촬영한 것을 저장하고, 가끔 시가 생각나면 그곳에 올려 두었는데, 오랜 인연을 가진 박 선생님께서 병세가 악화되는 것을 아셨는지 내 허락도 없이 서둘러 지인을 앞세워 문학공간에 원고를 추천하셨다. 당선 소감문을 보내라는 최광호 발행인 전화를 받고 화를 낸 적이 있다. 그게 9월이었는데 등단하지 않겠다고 고집을 부리다 11월 초 발행인을 찾아뵙고 등단하게 되었다. 그리고 2005년 3월 신인문학상을 수상하므로 문단에 이름을 올렸다.

사람이 살며 어떤 길을 가고 어떤 삶을 산다는 것은 뒤돌아보면 내 목적대로 뜻대로 되는 것은 없다. 오직 하나님의 인도하심이었다고 고백할 수밖에 없다. 내가 걸어온 길을 보면 그렇다.

문학을 전공한 것도 아니고 성경 읽은 것밖에 없는 내가 문단에 등록이 되고 2013년 첫 시집이 발행되었다. 다듬어지지 않은 원고를 김 모 시인이 출판사로 가져가는 바람에 얼렁뚱땅 시집을 발행하게 되었다. 그분에게 이끌려 그렇게 책이 발행되고 다시 10년이 흘렀다. 세상일에 열정을 쏟고 있는 때인지라 문단에 발표하는 시는 써도 시집을 발행해야겠다는 생각은 없었으므로 창작에 열정을 가지지는 않았다. 여기저기 원고 달라는 곳은 많으니 자연스레 시가 모이게 되었다.

2025년 네 번째 시집이 문학인들을 돕고자 하는 독지가의 사랑의 후원으로 발간된다. 작가들의 형편이 넉넉하지 않고 시를 써도 발표할 지면 또한 마음대로 되는 것은 아니기에 겸허한 마음으로 감사드린다.

이제 문단 경력 20년을 넘었다. 아직도 시가 무엇인지 모른다. 순간순간 감성을 따라 빛처럼 들어오는 문장을 엮어 내는 것이 내 가슴의 표현이다. 잘 쓰고 잘못 쓰고를 떠나 시를 창작하고 오타 외에 문장 수정을 안 한 이유가 여기 있다. 손을 대기 시작하면 그때의 감정은 사라지고 인위적인 글이 되기 때문에 그냥 두었다.

KBS '낭독의 발견' 책 읽는 텔레비전 방송에 참석한 적이 있었다. 당시 안도현 시인은 "연탄재 함부로 발로

차지 마라……" 이 시는 아흔아홉 번을 퇴고했다고 말했다. 정호승 시인은 대산에서 주최한 강연에서 말씀하시기를 시 한 편 짓고 나면 적어도 서른 번 이상 퇴고한다고 말했다. 원로 시인들의 말을 빌리면 끊임없이 퇴고하라는 뜻이다. 좋은 작품을 쓰기 위해서는 끊임없이 노력해야 한다는 뜻이다.

나는 아직 그 심정을 가슴에 담지 못했다. 창작의 습관을 새롭게 해야 발전이 있다는 것을 명심하며 앞으로 발표될 시는 그렇게 해야겠다고 다짐해 본다.

참으로 소란스럽고 어수선한 새해다. 국내외 정세가 그 어느 해보다 암울하고 어지럽다. 국내는 대통령이 구치소에 가고, 미국은 여의도의 40여 배에 달하는 산과 도시가 불에 탔다. 티베트에 지진이 나서 수백만 명의 사상자가 발생했다. 중국에는 대홍수가 나고, 러시아와 우크라이나 전쟁은 멈출 생각을 않는다. 아무리 첨단과학의 힘을 빌려 사는 세상이라고 해도 인간의 무능을 다시 생각해 본다. 비 한줄기 내리면 끝나는 일임에도 일주일째 불타는 도시를 바라볼 뿐 속수무책인 우리들이다.

다시 세상으로 날개를 달고 날아갈 시집을 생각하며 겸손한 마음으로 무릎 꿇는다. 도움을 주시는 분들, 사랑을 베푸는 분들, 또한 앞으로 책을 읽게 될 분들 모두가 행복하시기를 기원합니다.

신재미 제4시집
금린어

제1판 1쇄 인쇄 · 2025년 5월 15일
제1판 1쇄 발행 · 2025년 5월 20일

지은이 · 신재미
펴낸이 · 이석우
펴낸 곳 · 세종문화사
편집 주간 · 김영희

주소 · (03740)
　　　서울 서대문구 통일로 107-39, 223호
　　　E-mail: eds@kbnewsnet
전화 · (02)363-3345, 365-0743~5
팩스 · (02)363-9990

등록번호 · 제25100-1974-000001호
등록일 · 1974년 2월 1일

ISBN 978-89-7424-208-4　03810

값 13,000원